Weber

Luca will weg

Verlag an der Ruhr

Kids

Impressum

Titel
KidS – Klassenlektüre in drei Stufen
Luca will weg – Lesestufe 2

Autorin
Annette Weber

Titelbildmotiv und Illustrationen im Innenteil
Axel Nicolai

Verlag an der Ruhr
Mülheim an der Ruhr
www.verlagruhr.de

Ab 7 Jahre

ISBN 978-3-8346-2481-9

Printed in Germany

Begleitendes Unterrichtsmaterial:
KidS – Literatur-Kartei: „Luca will weg“
3-fach differenzierter Lesebegleiter
ISBN 978-3-8346-2483-3

Inhalt

Aufregung beim Judo

In diesen Sommerferien hatte sich Klara mit ihren Freundinnen Linda und Jelka zum Judotraining angemeldet. Das war ziemlich anstrengend. Aber sie wollte unbedingt die Prüfung für den gelben Gurt schaffen. „Übt zu Hause noch einmal den O-Goshi“, sagte der Trainer. Klara seufzte. Sehnsüchtig warf sie einen Blick aus dem Fenster der Turnhalle.

Draußen stand ein Junge unter einem Baum. Er hatte eine weiß-braune Ratte auf seiner Schulter sitzen. Süß sah sie aus.

„Klara? Hörst du zu?“ Der Judotrainer konnte sehr streng sein. Klara schaute erschrocken nach vorn. „Ihr sollt auch die Falltechnik noch mal üben. Hört ihr?“

Klara nickte.

„Also, dann.“ Der Trainer wartete, bis es ganz still wurde. „Rei!“, sagte er und verneigte sich. Klara und die anderen aus der Gruppe legten die Hände auf die Matte und verneigten sich ebenfalls.

Dann sprangen die Kinder auf.

Schnell lief Klara mit den anderen zum Umkleideraum hinüber. Doch an der Tür blieben sie wie angewurzelt stehen.

Was war hier denn passiert?

Anoraks lagen auf dem Boden. Rucksäcke waren aufgerissen. „Das gibt es doch nicht!“, rief Jelka. „Jemand hat unsere Sachen durchsucht!“, kreischte Linda panisch. Jetzt hörten sie auch, wie sich die Jungen nebenan aufregten: „Jemand hat was geklaut!“ „Meine Jacke ist weg!“ „Jemand hat meine Brotdose gestohlen!“ „Ich glaube, mir fehlt ein Euro!“

Nun tauchte der Trainer im Umkleideraum auf. „Das kann doch nicht wahr sein!“, rief er nervös. „Jemand muss sich in die Umkleideräume geschlichen haben.“
Da fiel Klara der unbekannte Junge mit der Ratte wieder ein.
„Vielleicht war er es“, vermutete sie.
Alle redeten jetzt durcheinander.
Niemand hatte den Jungen gesehen.
Niemand außer Klara.
Kurze Zeit später kam die Polizei und machte sich Notizen. Kleidung und Essen war gestohlen worden. Auch ein bisschen Geld fehlte. Klara erzählte von dem Jungen.
„Man weiß nicht, ob er der Dieb ist“, sagte der Polizist schließlich.
„Für einen Verdacht reicht das nicht aus.“

Klaras Schwestern

Als Klara aus der Turnhalle kam, wartete ihre Schwester Greta schon auf sie. Klaras Eltern waren für fünf Tage in den Urlaub gefahren. In dieser Zeit passten die großen Schwestern Greta und Sanja auf Klara auf. Es war das erste Mal, dass die Eltern so etwas wagten. Klaras Oma wohnte aber ein paar Straßen weiter. Klara fand es spannend, mit ihren Schwestern allein zu sein.

Als sie Greta sah, lief sie ihr sofort entgegen. „Bei uns in der Umkleide wurde eingebrochen“, sprudelte sie hervor. „Ich glaube, ich habe den Dieb gesehen.“ Greta grinste nur.

„Hatte er ein T-Shirt an, auf dem ‚Dieb‘ stand?“, fragte sie.

„Nein!“ Klara musste lachen. „Ich weiß auch nicht. Er sah so … so …“ Klara überlegte. „ … so traurig aus“, meinte sie dann.
Aber Greta hörte gar nicht mehr richtig zu. „Komm, beeil dich. Sanja hat heute Milchreis gemacht.“ Klara strahlte. Milchreis war ihr Lieblingsessen. Als die beiden zu Hause ankamen, hatte Sanja schon den Tisch gedeckt. Klara umarmte Schnuffel, ihren großen Bärenhund. Dann warf sie ihren Rucksack in die Ecke. „Ich bin total hungrig!“ Der Milchreis war köstlich. Danach räumten die drei Mädchen den Tisch ab. Sofort sprang Schnuffel schwanzwedelnd auf.
Nach dem Essen durfte er immer nach draußen. Heute war Greta an der Reihe, mit ihm Gassi zu gehen.

„Kommst du mit, Klara?“, fragte Greta. Klara nickte. Die Runde mit Schnuffel war immer lustig. Schnuffel, Greta und Klara gingen zusammen in den Stadtpark. Kaum waren sie in den Park eingebogen, wandte sich Greta an Klara: „Kannst du mal mit Schnuffel allein weitergehen? Wir können uns ja nachher am Spielplatz treffen.“

Klara wusste sofort, dass Greta sich wieder mit ihrem neuen Freund Tobias treffen wollte. „Mach ich“, sagte Klara und nahm die Leine. „Aber sag Sanja nichts“, flüsterte Greta.

Klara nickte. Sie konnte Geheimnisse gut für sich behalten.

Klara ging ein Stück mit Schnuffel am See entlang. Schließlich kehrte sie zum Spielplatz zurück. Dort ließ sie Schnuffel von der Leine und setzte sich auf die Bank.

Doch plötzlich bellte Schnuffel wie wild.

Klara hörte eine ängstliche Kinderstimme:

„Verschwinde! Los, weg hier!“

Sie kam aus dem Holzhäuschen.

Klara stand auf und ging zu dem Häuschen hinüber.

Hier saß ein Junge.

Er hatte eine kleine Ratte bei sich.

Der Junge hatte zwei Anoraks wie Decken auf der Bank ausgebreitet.
Auf dem Tisch stand eine geöffnete Brotdose. Eine kleine, braun-weiße Farbratte nagte an dem Brot. Sie hörte auf, zu fressen, schaute erst Klara und dann Schnuffel an, und schwups – war sie im Ärmel des Jungen verschwunden.
Klara erkannte den Jungen sofort.
„Hallo“, sagte sie.

Der Junge im Park

Der Junge antwortete nicht. Er drehte Klara den Rücken zu und griff in die Brotdose. „Schnuffel, mach Platz!“, sagte Klara streng. Der Hund setzte sich neben Klara. „Du kannst deine Ratte ruhig wieder rausholen“, meinte Klara. „Schnuffel tut ihr nichts.“ Immer noch sagte der Junge kein Wort. Aber die kleine Ratte schien Klara verstanden zu haben. Sie kletterte aus dem Ärmel und setzte sich auf den Anorak. Klara erkannte den Anorak sofort.
Er gehörte Jelka.
„Wenn Jelka wüsste, dass eine Ratte auf ihrem Anorak sitzt, würde sie schrecklich schreien“, sagte Klara herausfordernd.
Der Junge sah sie mit zusammengekniffenen Augen an.
„Das ist mein Anorak“, erwiderte er trotzig.

Klara schüttelte den Kopf: „Das stimmt nicht. Der gehört meiner Freundin Jelka. Und diese blaue Brotdose gehört Timo. Der ist auch in meiner Judogruppe.“
Der Junge sah ängstlich aus. „Quatsch!“, sagte er unsicher. Klara musterte ihn. Er war etwa so alt wie sie. Warum saß er hier allein im Spielhäuschen? Und warum hatte er die Anoraks und die Brotdose geklaut?
„Bist du abgehauen?“, fragte Klara neugierig. „Quatsch!“, sagte der Junge wieder. Er sah Klara immer noch nicht an und starrte auf den Boden. „Darf ich deine Ratte mal streicheln?“, fragte Klara. Der Junge zögerte zuerst, nickte aber dann schließlich.
Klara streckte die Hand aus.
Da kam die Ratte zu ihr gelaufen.

Klara streichelte die kleine Ratte. „Sie heißt Nelly“, sagte der Junge. „Und wie heißt du?“, wollte Klara wissen. „Luca. Und du?“ „Ich bin Klara.“ Klara setzte sich nun zu Luca ins Spielhäuschen. „Was machst du hier?“, fragte sie noch einmal. „Du bist doch abgehauen, stimmt‘s?“ Der Junge schluckte. Tränen stiegen in seine Augen. Dann nickte er. „Also doch. Aber warum?“, fragte Klara. Luca sah nun ganz traurig aus. „Meine Eltern haben sich gestritten“, sagte er. Klara wunderte sich. Das war doch eine seltsame Erklärung. „Das kann doch mal passieren“, sagte sie. „Meine Eltern streiten sich auch mal. Aber deswegen …“

„Meine Eltern haben sich aber ganz schlimm gestritten“, unterbrach sie der Junge.

„Dann hat meine Mutter ihren Koffer gepackt und ist verschwunden.“

Über Klaras Rücken lief ein Schauer.

„Und du?“, fragte sie.

„Ich bin auch abgehauen“, murmelte Luca.

Dann schwiegen beide.

Klaras Geheimnis

„Klara?“, ertönte plötzlich Gretas Stimme. „Wo bist du denn?“ Schnuffel bellte und rannte Greta entgegen. Luca sah Klara ängstlich an. Er packte die Brotdose schnell in seinen Rucksack und nahm seinen Anorak. „Keine Angst“, flüsterte ihm Klara zu. „Das ist meine Schwester. Ich verrate dich nicht.“

Sie stand auf. „Ich komme gleich!“, rief sie Greta zu. Dann wandte sie sich wieder an Luca. „Bleibst du die ganze Nacht hier?“ Luca nickte. „So lange, bis Mama wieder da ist.“ „Aber woher willst du denn wissen, wann sie wieder da ist?“, fragte Klara verwundert.

„Ich schaue, ob ihr Auto vor der Tür ist“, antwortete Luca. „Und heute war es noch nicht da.“ Klara seufzte.
Irgendwie konnte sie das verstehen. Es war wirklich gemein von seiner Mutter, einfach so wegzugehen. Aber ob Lucas Flucht daran irgendetwas ändern würde?
„Dann komme ich morgen wieder“, versprach Klara. „Und ich bringe dir etwas zu essen mit.“ Lucas lächelte dankbar. Trotzdem sah er immer noch sehr traurig aus.
Auch Klaras Stimmung war mittlerweile im Keller. „Wo bleibst du denn?“, rief Greta ungeduldig. „Tschüss bis morgen“, flüsterte Klara. Ihr fiel es schwer, Luca allein zu lassen …

Am nächsten Morgen regnete es. Sofort musste Klara an Luca denken. Ob er wirklich die ganze Nacht im Spielhäuschen verbracht hatte? Bestimmt war ihm kalt und er hatte Hunger. Klara lief in die Küche. Sanja hatte schon das Frühstück gemacht. „Hallo, Sanja", begrüßte Klara die große Schwester. „Jelka und ich wollen gleich am Spielplatz zusammen picknicken. Machst du uns ein paar Brote?"

„Picknicken? Bei dem Wetter“, wunderte sich Sanja. „Wir setzen uns ins Spielhäuschen“, entgegnete Klara. Sie war richtig erstaunt, wie gut sie schwindeln konnte. Sanja schöpfte keinen Verdacht. Sie schmierte Brote mit Nutella, Erdbeermarmelade und Salami.
Klara packte zwei Päckchen Kakao und eine Flasche Saft in ihren Rucksack. Außerdem nahm sie noch eine Decke und ein Kissen mit. „Bis später“, rief sie Sanja zu und machte sich auf den Weg.

Luca saß tatsächlich noch im Kinderhäuschen. Er sah ziemlich durchgefroren aus. Als er Klara sah, lächelte er. Wortlos kuschelte er sich in die Decke und machte sich gierig über die Brote her.
Auch Nelly hatte Hunger …

Klara fütterte die kleine Ratte. Das Frühstück dauerte fast eine Stunde. Luca, Klara und Nelly aßen, tranken und schwiegen. „Wie soll das mit dir weitergehen?“, fragte Klara schließlich. Luca zuckte die Schultern. „Weiß ich auch nicht“, sagte er. „Nach Hause gehe ich jedenfalls nicht.“

Ein neues Versteck

Der Regen hörte einfach nicht auf. Längst hatten Klara und Luca alle Vorräte verputzt. Jetzt saßen sie schweigend da und starrten in den Regen. „Wie kann ich ihm bloß helfen?“, dachte Klara immer wieder.
Und dann kam ihr die Idee! Zu ihrer Wohnung gehörte ein Kellerraum, den der Vater als Werkraum benutzte. Der war bestimmt ein gutes Versteck für Luca.
„Luca, ich habe eine gute Idee“, sprudelte sie heraus.
Und dann erzählte sie von dem Kellerraum. Luca hörte aufmerksam zu. „Dort gibt es sogar ein Sofa zum Schlafen. Und am Ende des Flures ist ein kleines Badezimmer“, fuhr Klara fort.

Luca sah jetzt ganz erleichtert aus. Das nasskalte Wetter machte ihm ganz schön zu schaffen. „Komm mit!“, rief Klara. Die beiden Kinder standen auf und zogen ihre Anoraks an. Nelly schlüpfte in Lucas Ärmel. Dann liefen sie durch den Regen.
Klara rannte voran, Luca folgte ihr dicht auf den Fersen. Endlich waren sie an Klaras Haus angekommen. An der Haustür machte Klara Luca ein Zeichen, sich hinter der Hauswand zu verstecken. Dann klingelte sie. Der Türsummer ertönte. „Ich bin‘s, Klara!“, rief Klara laut nach oben.
Dann winkte sie Luca zu sich.

Klara zeigte auf die Kellertreppe. „Geh schon mal runter“, flüsterte sie. „Ich muss nur noch den Schlüssel holen. Und pass auf, dass dich niemand sieht.“ Luca nickte. Leise schlich er die Treppe hinunter. In der Zwischenzeit rannte Klara zur Wohnung hoch. Sanja stand bereits in der Wohnungstür. „Das war ja ein langes Picknick“, sagte sie verwundert. „Und das bei dem Regen.“ „Wir waren doch im Spielhäuschen“, erklärte Klara schnell. Doch jetzt brauchte sie eine Ausrede für den Kellerschlüssel. Da sah sie den vollen Mülleimer in der Ecke stehen. „Soll ich den mal in den Keller bringen?“, fragte sie. Sanja war überrascht. „Wenn du willst.“ Klara nahm den Müll und griff den Kellerschlüssel.

„Bin gleich wieder da“, rief sie. Dann lief Klara die Kellertreppe hinunter. Unten wartete Luca auf sie. Er war wieder sehr blass. „Ich dachte schon, du kommst nicht mehr“, murmelte er. „Klar komme ich“, sagte Klara lächelnd. Sie führte Luca um die Ecke zum Kellerraum. Dann schloss sie die Tür auf.

Wer ist da?

Am nächsten Morgen brachte Klara Brötchen und Kakao in den Keller. Luca lächelte: „Wenn ich dich nicht hätte.“ Die Nacht allein im Keller war ziemlich unheimlich gewesen. Klara sah zu, wie sich Luca hungrig über die Brötchen und den Kakao hermachte. Für Nelly hatte Klara Rosinen mitgebracht. Auch die kleine Ratte hatte Hunger.

Plötzlich schreckten beide Kinder auf. Jemand kam die Kellertreppe herunter. „Psst“, machte Luca erschrocken. Die beiden Kinder lauschten ängstlich. Die Schritte waren stehen geblieben. Luca und Klara wagten kaum, zu atmen. Sogar Nelly hörte auf, zu knabbern. Jetzt setzten sich die Schritte wieder in Bewegung und kamen direkt auf die Tür zu. Luca sprang auf und versteckte sich hinter dem Sofa. Da wurde die Tür auch schon aufgerissen. Sanja stand im Türrahmen. Gott sei Dank, nur Sanja!

„Hallo, Sanja!“, sagte Klara so unschuldig wie möglich. Aber Sanja starrte nur mit großen Augen auf die Ratte „Was machst du hier?“, rief sie verwundert. „Und was ist das für ein Tier?“

„Das ist Nelly“, erklärte Klara schnell. „Ich habe sie gestern auf dem Spielplatz gefunden. Und weil ich dachte, du magst sie nicht, habe ich sie hier versteckt.“ Klara hatte schon so viele Lügen erzählt. Da kam es auf eine auch nicht mehr an.
„Ist das eine Ratte?“, fragte Sanja entsetzt. Klara wollte antworten, doch da fiel Nelly ihr Fluchtinstinkt wieder ein. Sie sprang vom Tisch und flitzte hinter das Sofa, wo sich Luca versteckt hatte. „Wo ist sie?“, fragte Sanja verwundert und blickte hinter das Sofa.
Da starrte sie genau in Lucas weit aufgerissene Augen. Vor Schreck schrie Sanja auf und Luca gab ein erschrockenes „Oh!“ von sich. Jetzt gab es nichts mehr zu verheimlichen. „Das ist Luca“, erklärte Klara. „Er ist mein Freund.“

Luca sprang auf. Er hielt Nelly fest und rannte zur Kellertür. Aber Klara stellte sich ihm in den Weg. „Warte!“, rief sie. „Du musst keine Angst haben. Das ist Sanja, meine Schwester. Sie hilft dir ganz bestimmt weiter.“

Luca zögerte. Mit der Hand auf der Türklinke starrte er Sanja unsicher an. „Ich tue dir wirklich nichts“, versprach Sanja. „Bist du abgehauen?“

Luca antwortete nicht.

Wie soll es jetzt weitergehen?

Luca war auf der Hut, das bemerkte Klara sofort. „Komm mit nach oben“, sagte sie und fasste ihn an die Hand.
Sie spürte, wie er zitterte.
Verlegen schüttelte er ihre Hand ab.
„Ich helfe dir wirklich“, versicherte Sanja.
„Na gut“, brummte Luca schließlich.
Dann ging er mit den beiden nach oben.
Sanja führte Luca in die Küche. Dort setzte er sich auf die Eckbank. Klara nahm neben ihm Platz. Sanja aber ging zunächst ins Wohnzimmer. Klara hörte, wie Sanja und Greta leise miteinander sprachen.
Luca lauschte, konnte aber nichts verstehen. Er war immer noch misstrauisch.
Nun kam Greta in die Küche. Sie nickte Luca freundlich zu.

„Hallo“, sagte sie. „Das ist ja eine Überraschung! Sanja hat mir gerade erzählt, dass du dich im Keller versteckt hast. Erzähl doch mal, was mit dir los ist. Warum bist du abgehauen?“
Sie zog einen Stuhl an den Tisch und setzte sich zu den beiden. Klara beobachtete Greta genau. Ob sie Luca wirklich helfen würde?

Ihre Schwestern konnten manchmal ziemlich gemein sein. Aber Greta war diesmal wirklich freundlich.
Luca taute allmählich auf.
Dann erzählte er ihr alles:
Wie sich seine Eltern gestritten hatten.
Wie seine Mutter weggefahren war.
Und wie er schließlich abgehauen war.
Während er sprach, rückte er immer dichter an Klara heran. Nun kam auch Sanja zurück und setzte sich zu ihnen. Auch sie hörte aufmerksam zu. „Bestimmt machen sich deine Eltern große Sorgen“, sagte sie. „Sie suchen dich doch überall.“ „Sollen sie doch“, brummte Luca verärgert. „Dann sehen sie erst mal, wie schlimm das für Luca ist“, fügte Klara hinzu. „Und vielleicht bleiben sie dann ja doch zusammen“, ergänzte Luca.

„Meinst du?“ Greta sah nicht sehr überzeugt aus. „Ganz bestimmt!“ entgegnete Luca trotzig. Nelly hatte es sich auf seiner Hand bequem gemacht. Klara beugte sich gerade zu ihr hinüber, um sie zu streicheln. Dabei glitt ihr Blick zufällig zum Fenster hinüber. Aber was war das denn? Ein Polizeiwagen parkte vor ihrem Haus. Gerade stiegen zwei Polizisten aus, setzten ihre Mützen auf und schlugen die Autotür hinter sich zu.

„Die Polizei?“, murmelte Klara. „Was wollen die denn hier?“ Doch Luca verstand sofort. Wie der Blitz sprang er auf, schnappte sich Nelly und rannte zur Tür. „Mist!“, schrie er laut. „Wie gemein!“ Da war er auch schon verschwunden. „Luca!“, rief Klara ihm nach. Sie schaute hektisch zum Fenster.
Die Polizisten standen jetzt direkt vor der Haustür und wollten gerade klingeln.
Klaras Gedanken überschlugen sich: Wer hatte sie angerufen? Das konnte nur Sanja gewesen sein. Wie unendlich gemein und hinterhältig! „Du gemeine Kuh!“, brüllte Klara. Vor Wut traten ihr Tränen in die Augen. Sie sprang auf und rannte zur Tür. Doch Greta stellte sich ihr eiskalt in den Weg und versuchte, sie festzuhalten.

Da fiel Klara der O-Goshi wieder ein, den sie im Judo gelernt hatte. Sie fasste Gretas rechten Arm, zog ihren Körper über die Schulter und warf sie auf den Boden. Greta jammerte und fluchte. So schnell Klara konnte, rannte sie aus der Wohnung.

Gemeinsame Flucht

Klaras Gedanken glühten. Durch den Vordereingang konnte Luca nicht fliehen. Da wäre er den Polizisten direkt in die Arme gelaufen. Natürlich! Der Keller! Am Ende des Kellerflures gab es eine Hintertür. Von dort führte eine Treppe nach draußen in den Garten. Klara stürmte den Kellerflur entlang. Tatsächlich: Die Tür war offen. Klara rannte die Außentreppe hoch bis in den Garten und schaute sich hektisch um.
„Luca?“ schrie sie.
Sie lief bis zum Gartenzaun.
Dann kletterte sie hinüber und lief durch den nächsten Garten. „Luca?“, rief sie immer wieder. „Luca, wo bist du?“
Doch es gab keine Spur von ihm. Tränen liefen über Klaras Gesicht. Sie hatte ihn verloren! Das war alles ihre Schuld.

Klara hatte Luca gesagt, er wäre in Sicherheit. Dabei war er in eine Falle gelaufen. Greta und Sanja waren so furchtbar hinterhältig.
Blind vor Tränen stolperte Klara weiter. Sie wusste nicht mehr, wo sie war. Sie lief durch ein unbekanntes Gartentor. Schließlich kam sie an einer Straße an. „Luca?“, rief sie noch einmal. Aber es kam keine Antwort. Luca blieb verschwunden.

Klara konnte durch die Tränen kaum noch etwas sehen. Verzweifelt setzte sie sich auf eine kleine Mauer und hielt die Hände vor ihr Gesicht. Plötzlich hörte sie eine Stimme hinter sich. „Hi!“ Klara fuhr herum.
Luca stand vor ihr. Er lächelte.
Trotzdem sah er traurig aus.
Klara drückte ihn ganz fest.
„Ich dachte schon, ich sehe dich nie wieder“, schluchzte sie. „Und ich hätte nicht gedacht, dass du mitkommst“, erwiderte Luca erleichtert.
Beide waren so glücklich, dass sie sich wiederhatten. Zu zweit war alles viel leichter. Ohne richtiges Ziel bummelten die beiden durch die Gegend – bis in die Innenstadt. Dann bogen sie in die Fußgängerzone ein.

In der Stadt achtete niemand auf die beiden Kinder. Aber nach einigen Stunden wurden ihre Füße schwerer und schwerer. Außerdem wurden beide müde und hungrig. Schließlich hielt es Klara nicht mehr aus. Sie setzte sich auf eine Bank vor dem Kaufhaus und zog Luca neben sich.

„Was sollen wir jetzt machen?“, fragte sie. „Wir können doch nicht die ganze Nacht hier herumlaufen.“ Luca dachte nach. Plötzlich hatte er eine Idee.
„Komm mit!“, sagte er. Dann zog er sie zu dem großen Kaufhaus hinüber.
„Und was machen wir da drin?“, wollte Klara wissen. „Wir haben doch kein Geld. Außerdem wird es schon spät …“
„Mal gucken, wo man sich hier gut verstecken kann“, war Lucas Antwort.
Klara war das nicht so geheuer, aber Luca hatte seine Sicherheit wiedergefunden.

Ein unheimlicher Plan

Luca und Klara fuhren mit der Rolltreppe bis ins oberste Stockwerk. Hier streiften sie eine Weile ziellos herum. In der Wäscheabteilung stand ein großes Bett. Es war mit bunter Bettwäsche bezogen und sah sehr gemütlich aus. „Na bitte, da haben wir ja schon mal ein Bett“, flüsterte Klara Luca zu und kicherte. Doch Luca nickte und sagte: „Wir können hier wirklich übernachten.“ „Aber wie …“, fragte Klara erstaunt. Da tönte auch schon die Stimme durch den Lautsprecher: „Meine Damen und Herren, bitte beenden Sie nun Ihren Einkauf. Wir schließen in wenigen Minuten.“ „Komm mit“, flüsterte Luca Klara zu. Dann bewegte er sich so unauffällig wie möglich auf die Umkleidekabinen zu.
Klara folgte ihm.

Alle Vorhänge der Kabinen waren zur Seite geschoben. Luca schaute in die letzte Kabine der Reihe, nickte Klara zu und hockte sich auf den kleinen Hocker. Klara schaute sich noch einmal ängstlich um und huschte dann zu Luca in die Kabine. „Soll ich den Vorhang zumachen?“, fragte sie. Luca schüttelte den Kopf. „Dann wundern die sich nur.“ Nebeneinander hockten sie nun in der kleinen Kabine und warteten.

Es wurde immer stiller im Haus. Noch einmal hörten sie Schritte auf dem Flur, dann wurde alles totenstill. Klara sah Luca ängstlich an. Ihr Herz klopfte so laut, dass man es wahrscheinlich noch auf der Straße hören konnte. Luca zwinkerte Klara zu, doch auch er wirkte angespannt. Plötzlich wurde das Licht ausgeschaltet. Klara stieß einen leisen, quietschenden Schrei aus, doch Luca hielt seine Hand vor ihren Mund. Jetzt wurde Klara bewusst, was für eine Dummheit sie begangen hatten: Eine Nacht im Kaufhaus zu verbringen, war unfassbar unheimlich.

Nach ein paar Minuten stand Luca vorsichtig auf. Er schlich aus der Kabine und schaute sich um. „Komm“, sagte er. „Das Notlicht ist an. Man kann etwas sehen.“

Klara folgte Luca vorsichtig aus der Kabine. „Ist wirklich keiner mehr da?“, fragte sie ängstlich. Luca schüttelte den Kopf. Die Kinder lauschten. Es war so furchtbar still. „Ich hole uns mal etwas zu essen und zu trinken“, flüsterte Luca. Aber Klara hielt ihn panisch fest. „Lass mich nicht allein!“, zischte sie. „Ich habe furchtbare Angst.“ Klara würde sich niemals trauen, allein durch das dunkle Kaufhaus zu schleichen. Luca spürte, wie sie zitterte. „Ich habe gar keinen Hunger“, flüsterte Klara. „Ich auch nicht“, gab Luca zu. „Weißt du noch, wo das Bett gestanden hat?“, fragte Klara. Luca nickte und griff ihre Hand. Dann führte er sie durch die Abteilung. Bei Luca fühlte sich Klara einigermaßen sicher. Nach kurzer Zeit standen sie genau vor dem Bett.

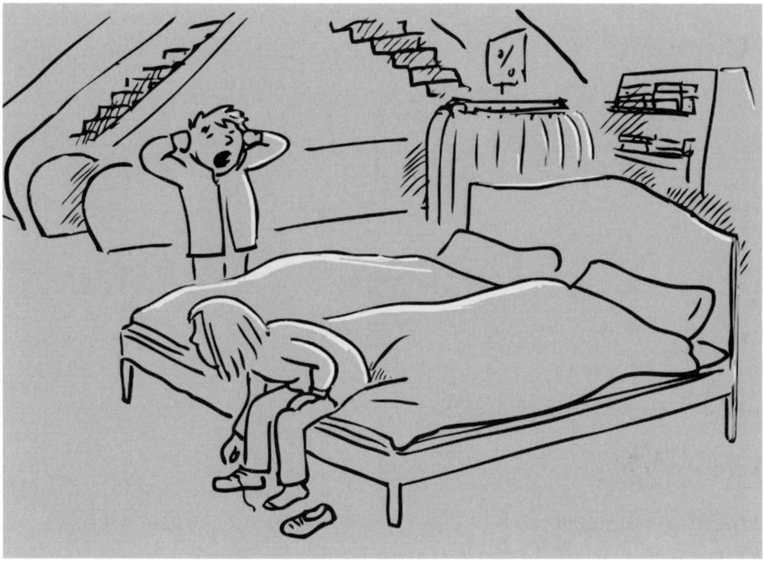

Klara merkte erst jetzt, wie müde sie war. Auch Luca wollte nur noch schlafen. Sie zogen nur ihre Schuhe und ihren Anorak aus. Dann legten sie sich ins Bett und deckten sich zu. Nach nur zwei Minuten waren sie eingeschlafen.

Eine sehr kurze Nacht

Klara schreckte hoch. Ihr Herz raste und sie atmete schnell und flach. Luca hatte sie plötzlich an den Arm gefasst. „Was ist ..?“ „Psst!“ Schwere Schritte kamen auf sie zu. Klara und Luca erstarrten in schrecklicher Angst. Wer ist das? Sollten sie sich unter dem Bett ..? Zu spät! Der grelle Lichtschein einer Taschenlampe leuchtete genau in ihr Gesicht.

„Das gibt es doch nicht!“, dröhnte eine Männerstimme. „Paul? Komm mal rüber! Ich glaub, ich hab sie.“ Klara und Luca bekamen vor Angst kaum noch Luft. Nun tauchte plötzlich ein zweiter Mann von der anderen Seite auf. Jetzt konnte man erkennen, dass beide Polizeiuniformen trugen. „Gott sei Dank! Polizei! Keine Einbrecher“, schoss es Klara durch den Kopf. Doch da sprang Luca auch schon auf, schnappte Nelly und versuchte, zu flüchten. Aber die Polizisten hatten ihm schon den Weg abgeschnitten. „Nicht so eilig, junger Mann“, sagte einer der beiden und hielt Luca mit einem kräftigen Griff fest. Dann sah er ihn genauer an. „Luca Fischer, nicht wahr? Und die junge Dame ist Klara Kaufmann?“ „Woher wissen Sie ..?“, stotterte Luca erstaunt.

Da platzte dem Polizisten der Kragen: „Ja, was glaubt ihr denn, was hier los ist?“, rief er wütend. „Die ganze Stadt sucht nach euch! Eure Eltern sind fix und fertig!“ Da bekam Klara ein schlechtes Gewissen: „Ich wäre schon nach Hause gekommen“, sagte sie. „Aber das weiß man ja leider nicht!“, meckerte der Polizist weiter. „Vor allem deine Eltern …“, wandte er sich an Luca, „ … haben schon seit vier Tagen kein Auge mehr zugemacht! Es gibt ja auch genügend Kinder, die nicht mehr zurückkommen.“ Er zog sein Funkgerät aus der Tasche. „Wir haben sie!“, rief er hinein. „Kaufhaus Reichstein am Marktplatz.“ „Los, zieht eure Schuhe an!“, ordnete der andere Polizist an. „Eure Eltern warten auf der Polizeiwache auf euch.“

Die beiden Polizisten nahmen Luca und Klara in ihre Mitte und führten sie nach draußen. „Na, das wird ein schönes Donnerwetter geben“, murmelte einer der beiden. Luca räusperte sich.
„Das ist alles meine Schuld“, erklärte er. „Klara ist nur mitgekommen, weil sie mir helfen wollte.“ „Das kannst du gleich deinen Eltern erklären“, brummte der Polizist.

Luca überlegte einen Moment. „Meine Eltern?“, frage er dann. „Waren sie beide da? Wissen Sie, ob sie wieder zusammen sind?“ „Sah ganz so aus“, sagte der Polizist. Er klang jetzt freundlicher.
„Sie hielten sich ganz fest an der Hand.“
„Oh!“, sagte Luca glücklich. Zum ersten Mal seit Tagen fühlte er sich richtig leicht.
Sie verließen das Kaufhaus durch den Haupteingang auf den Marktplatz hinaus.
Die Polizisten setzten Klara und Luca auf die Rückbank des Polizeiwagens.
Luca fasste Klaras Hand.
„Danke, dass du die ganze Zeit zu mir gehalten hast“, flüsterte er ihr zu.
„Jetzt gibt‘s bestimmt gleich einen Riesenärger.“

Klara lächelte. „Aber wenn deine Eltern wieder zusammen sind, ist es doch halb so schlimm", sagte sie. Einen Moment schwiegen sie.
„Klara", sagte Luca dann. „Du bist die beste Freundin, die ich habe." Klara lächelte in die Dunkelheit. „Und du mein allerbester Freund", flüsterte sie.

Schlagzeilen aus der Region

Vermisste Kinder wieder aufgetaucht

In der Nacht von Donnerstag auf Freitag wurden die beiden vermissten Kinder Luca Fischer und Klara Kaufmann von der Polizei aufgegriffen. Der 9-jährige Luca war vergangenen Sonntag nach einem Familienstreit von zu Hause weggelaufen. Auf der Flucht hatte er am Dienstag die gleichaltrige Klara Kaufmann kennengelernt. Sie versteckte ihn zunächst in einem Kellerraum ihrer Eltern. Später flüchtete sie mit ihm weiter.

Die Flucht endete schließlich am frühen Freitagmorgen im Kaufhaus Reichstein am Marktplatz. Ein aufmerksamer Kunde bemerkte kurz vor Ladenschluss die beiden Kinder, die sich im Bereich der Umkleidekabinen aufhielten.

Als dieser in den Abendnachrichten Fotos der vermissten Kinder sah, erkannte er sie sofort wieder und verständigte die Polizei.
Die ausgerückten Kollegen fanden die beiden Kinder schließlich schlafend in einem Bett der Textilabteilung.

Am frühen Morgen konnten Luca und Klara schließlich zu ihren erleichterten Eltern zurückkehren. Lucas Eltern hatten in der Zwischenzeit ihren eigenen Streit längst vergessen.

Über die Autorin

Hallo du!
Ich freue mich sehr, dass du mein Buch „Luca will weg“ gelesen hast. Ich habe es nämlich sehr gerne geschrieben.
Mein Name ist Annette Weber. Ich lebe mit meiner Familie in Bad Lippspringe, einer kleinen Stadt in Westfalen. Seit etwa 30 Jahren schreibe ich Bücher für Kinder und Jugendliche. Früher habe ich als Grundschullehrerin gearbeitet, aber seit zehn Jahren schreibe ich nur noch. Meinen Beruf liebe ich über alles. Wenn die Tastatur meines Computers klappert, bin ich richtig glücklich.

Es würde mich sehr interessieren, wie dir mein Buch gefallen hat. Hast du Lust, mir zu schreiben? Ich antworte auch ganz bestimmt.

Schreib einfach an den

Verlag an der Ruhr
Postfach 102251
45422 Mülheim an der Ruhr

Viele liebe Grüße

Annette Weber

Verlag an der Ruhr

Auch aus dieser Reihe:

Das Gespenst am Kleiderhaken

Zum Inhalt dieses Kinderromans:

Lea traut ihren Augen nicht: Schaut das Gespensterkostüm im Dachbodenschrank ihr nach? Quatsch, Gespenster gibt's nur im Märchen ... oder ... auf dem düsteren Speicher der Schule. Das kleine Gespenst Gertrud hängt schon seit Wochen an einem Kleiderhaken fest und will nichts als nach Hause. Lea und ihr großer Bruder Lasse starten eine heimliche Befreiungsaktion ...

Postfach 10 22 51
45422 Mülheim an der Ruhr

Telefon 030/89 785 235
Fax 030/89 785 578

bestellungen@cornelsen-schulverlage.de
www.verlagruhr.de

Das Gespenst am Kleiderhaken
Lesestufe 1
Annette Weber
Ab 7 J., 56 S., A5, Paperback
ISBN 978-3-8346-2484-0

Das Gespenst am Kleiderhaken
Lesestufe 2
Annette Weber
Ab 7 J., 56 S., A5, Paperback
ISBN 978-3-8346-2485-7

Das Gespenst am Kleiderhaken
Lesestufe 3
Annette Weber
Ab 7 J., 56 S., A5, Paperback
ISBN 978-3-8346-2486-4

Weitere Titel in Planung.

KidS – Klassenlektüre in drei Stufen

Verlag an der Ruhr

Postfach 10 22 51
45422 Mülheim an der Ruhr

Telefon 030/89 785 235
Fax 030/89 785 578

bestellungen@cornelsen-schulverlage.de
www.verlagruhr.de

Auch aus dieser Reihe:

Das traust du dich nie, Jona!

Zum Inhalt dieses Kinderromans:

Jona kann es nicht fassen: Er soll bei den „Totenköpfen" aufgenommen werden, der coolsten Bande der Klasse? Dumm nur, dass seine beste Freundin Meike die „Totenköpfe" alles andere als cool findet. Heimlich stellt sich Jona den Mutproben der Bande. Zuerst läuft alles gut, doch dann muss Jona eine folgenschwere Entscheidung treffen, die auch seine Freundschaft zu Meike aufs Spiel setzt ...

■ **Das traust du dich nie, Jona!**
Lesestufe 1
Petra Bartoli y Eckert
Ab 8 J, 64 S., A5, Paperback
ISBN 978-3-8346-2438-3

■ **Das traust du dich nie, Jona!**
Lesestufe 2
Petra Bartoli y Eckert
Ab 8 J., 64 S., A5, Paperback
ISBN 978-3-8346-2439-0

■ **Das traust du dich nie, Jona!**
Lesestufe 3
Petra Bartoli y Eckert
Ab 8 J., 64 S., A5, Paperback
ISBN 978-3-8346-2440-6

Weitere Titel in Planung.

KidS – Klassenlektüre in drei Stufen